Gustave Planche

Le Salon
de 1847

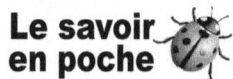

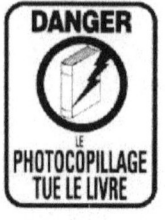
ISBN : 978-1547025732

10 9 8 7 6 5 4 3 2 1

Gustave Planche

Le Salon de 1847

Le savoir
en poche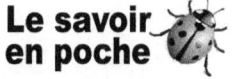

Table de Matières

LA PEINTURE

On parlait depuis deux ans du tableau de M. Couture comme d'une œuvre capitale, qui devait régénérer la peinture française. Que dis-je ? il ne s'agissait pas seulement de régénérer l'école française, il s'agissait de la créer. Poussin et Lesueur étaient comme non avenus ; le nom de Lebrun n'était pas même prononcé. L'école française devait commencer avec M. Couture. Que reste-t-il aujourd'hui de tout le bruit qui s'est fait autour des Romains de la décadence ? Sans tenir compte des louanges exagérées dont l'auteur n'a pas à répondre, que devons-nous penser de cette œuvre capitale, si pompeusement annoncée ? La partie sensée du public commence déjà à revenir de son engouement ; tous ceux qui s'étaient pressés d'admirer sur parole lâchent pied de jour en jour et osent à peine défendre leur premier sentiment. Il est permis maintenant à la critique impartiale et désintéressée d'exprimer son opinion sans s'exposer au sort de saint Étienne. Nous pouvons, sans courir le risque d'être lapidé, signaler franchement les défauts et les qualités du tableau de M. Couture. Le dessin, il faut bien le dire, ne se distingue ni par l'élégance, ni par l'élévation, ni même par la correction. Toutes les figures sont vulgaires ; l'expression des visages manque de variété. Il y a même dans cette toile des erreurs singulières que je ne sais comment nommer, et qui étonnent le spectateur le plus bienveillant, pourvu qu'il soit attentif. Je veux parler d'une femme dont l'épaule droite est plus haute que l'épaule gauche. Par un caprice difficile ou plutôt impossible à expliquer, l'auteur a placé la mamelle gauche au-dessus de la mamelle droite. Je serais curieux, je l'avoue, de voir le modèle qui a posé devant lui. Les deux vers de Juvénal qu'il a pris pour thème de sa composition sont assez pauvrement rendus. Assistons-nous à la fin de l'orgie ? C'est ce que disent les admirateurs persévérants de M. Couture. Pour moi, je ne saurais le croire ; car le visage des acteurs, au lieu de trahir l'épuisement de la débauche, n'exprime tout au plus que la souffrance et la décomposition. A proprement parler, ce n'est pas une orgie, c'est un lazaret. Il y a, je le reconnais volontiers, une certaine habileté dans la disposition et même dans l'exécution de l'architecture ; les draperies, quoique un peu trop chiffonnées, ne sont pas mal conçues, mais la couleur est d'une monotonie désespérante. Il règne sur toute cette toile un ton gris qui, assurément, n'a rien d'italien. Ce n'était vraiment pas la peine d'emprunter à Paul Véronèse toute la richesse de son architecture pour éclairer les figures d'une lumière si triste et si uniforme. S'il faut dire toute notre pen-

Gustave Planche

sée, M. Couture n'a rien de commun avec Poussin ni avec Lesueur, dont il devait effacer jusqu'au souvenir. Il relève de Natoire et de Restout comme un disciple fidèle et dévoué. Peut-être a-t-il marché sur leurs traces sans le savoir ; mais, qu'il le sache ou qu'il l'ignore, il est avéré pour tous les yeux exercés qu'il n'a rien régénéré, et qu'il nous reporte aux plus mauvais jours de la peinture française. Je crois sincèrement que M. Couture, en empruntant le sujet de sa composition à la sixième satire de Juvénal, n'a pas assez consulté ses forces. Pour traiter un pareil sujet, il fallait avant tout posséder le sentiment de la beauté antique ; or, M. Couture ne semble pas même l'avoir entrevue. Sans étudier les ruines de Pompéi et le musée de Naples, sans consulter les noces aldobrandines, avec le seul secours des richesses que nous possédons à Paris, il n'était pourtant pas impossible de pénétrer familièrement dans le secret de la beauté antique. M. Couture ne paraît pas avoir compris toute la portée du problème qu'il s'était proposé. Plein de confiance en lui-même, il s'est mis à l'œuvre sans mesurer la carrière qu'il voulait parcourir. Étourdi par les louanges, il a cru sans doute posséder un talent sérieux, une science profonde, et son talent se réduit jusqu'ici à une habileté toute matérielle. Les deux portraits qu'il a envoyés au Louvre justifient pleinement le jugement sévère que nous sommes forcé de porter sur les Romains de la décadence. En étudiant ces deux portraits, on voit en effet en quoi consiste le savoir positif de l'auteur : il est prouvé qu'il ne sait pas modeler. Les chairs ne sont pas soutenues. De la pommette à la mâchoire inférieure, il n'y a qu'un seul plan. Le front et les orbites sont d'une forme indécise, Le visage est malade, soufflé, et n'a pas de charpente. Si M. Couture veut mériter la moitié de la renommée prématurée dont il a joui pendant quelques jours, il faut qu'il se résigne à des études persévérantes et qu'il abandonne pour longtemps les sujets qui exigent un sentiment profond de l'antiquité. Il faut qu'il s'exerce patiemment dans la partie élémentaire et positive de la peinture. Avant d'aborder les compositions complexes, il doit essayer ses forces sur des données d'une nature plus modeste. Puisse-t-il résister courageusement à l'enivrement de la louange ! puisse-t-il écouter les conseils désintéressés, et ne pas demeurer dans la fausse voie où il est engagé !

Le portrait du roi et de ses cinq fils, par M. Horace Vernet, ne nous apprend rien de nouveau sur le talent de l'auteur. Il y a dans cette toile une incontestable habileté. Toutes les figures sont solidement posées les chevaux, vus de face, sont dessinés avec une adresse à laquelle nous applaudissons ; mais, la part de l'éloge une fois faite, nous devons dire que ce portrait de famille manque d'élégance et d'élévation. L'aspect du tableau est celui d'un papier peint. L'adresse même dont l'auteur a fait preuve ne dissimule pas complètement la rapidité de l'exécution. Les principales difficultés ont été plutôt éludées que résolues. Le portrait de Charles X, vu de face, comme celui du roi et de ses cinq fils, était étudié avec plus de soin ; la robe du cheval ressemblait un peu trop au satin ; à tout prendre, cependant, c'était une œuvre plus sérieuse. La Judith de M. Vernet est une erreur que rien ne saurait excuser. Déjà une première fois l'auteur avait traité ce sujet de façon à prouver victorieusement qu'il ne le comprend pas ; comment a-t-il été assez mal inspiré pour aborder de nouveau cette donnée qui répugne si complètement à son talent ? La première Judith, malgré le visage farouche d'Holopherne, n'avait rien d'effrayant et appartenait à l'opéra-comique. La seconde Judith, plus vulgaire, plus mal dessinée que la première, appartient au mélodrame, et devrait être la dernière tentative de M. Vernet dans le genre biblique. Comment ne se trouve-t-il pas près de lui un ami clairvoyant et résolu qui lui dise ce que le public a dit depuis longtemps ? Comment l'auteur de tant de charmantes compositions, de tant de batailles finement esquissées, ne comprend-il pas la véritable portée, la véritable destination de son talent ? Comment se trompe-t-il à ce point ? La Judith de cette année est assurément l'ouvrage le plus déplorable que M. Vernet ait signé de son nom. La couleur, le dessin, la pantomime, tout est de la même force. Avec la meilleure volonté du monde, il est impossible de trouver dans cette toile quelque chose à louer.

La Judith de M. Ziegler ne vaut guère mieux que celle de M. Vernet. Le visage de l'héroïne est complètement dépourvu d'énergie. On ne comprend pas qu'une fille dont les traits n'expriment ni le courage ni l'exaltation tienne à la main la tête sanglante d'Holopherne. Le vêtement ne laisse pas deviner la forme du corps. La figure se compose d'une tête et d'un sac. En parlant de Daniel dans la fosse aux lions de M. Ziegler, nous avions dû exprimer le même reproche. L'auteur paraît oublier que les étoffes n'ont jamais qu'une importance secondaire et doivent, dans tous les cas, suivre et traduire le mouvement des personnages.

Le Songe de Jacob est une composition singulière, et qui se comprendrait difficilement sans le secours du livret. Les anges, malgré la gaze bleue qui les sépare du spectateur, semblent aussi voisins de l'œil que le personnage principal. Le dessin de ces figures est d'ailleurs très peu sévère et n'exprime aucunement le caractère que l'auteur leur attribue. Quant au personnage principal, il n'est pas modelé, et je prends ici le mot dans son acception la plus élémentaire. Non-seulement les os manquent, et la figure, en se levant, ne pourrait ni marcher ni se tenir debout ; mais on peut affirmer sans présomption que la chair même est absente. S'il y a quelque chose sous la peau, c'est de l'air tout au plus. Les débuts de M. Ziegler ne nous avaient préparé ni à la Judith ni au Songe de Jacob.

Le Napoléon législateur de M. H. Flandrin est une triste méprise. Après les peintures murales de Saint-Germain-des-Prés, nous avions le droit d'espérer que M. Flandrin comprendrait autrement le sujet difficile qu'il avait accepté. La tête ne ressemble à aucun des portraits considérés comme authentiques. Parcourez la série entière des portraits faits d'après nature par les artistes les plus habiles, prenez ceux d'Ingres ou de Gros, la miniature de Guérin ou le buste de Canova, vous ne trouverez nulle part la physionomie que M. Flandrin prête à Napoléon. Le visage qu'il nous donne pour celui de Napoléon n'exprime clairement ni la volonté ni la pensée ; or, est-il possible de concevoir un législateur sans cette double expression ? Le type imaginé par M. Flandrin est d'une élégance fade et inanimée. Quant au manteau impérial qui enveloppe le corps de Napoléon, il est absolument vide. Sans exiger, ce qui serait souverainement injuste, qu'il explique et traduise la forme comme une toge romaine, il est naturel de vouloir qu'il l'indique au moins et permette à l'œil de la suivre et de la deviner. Le manteau impérial du Napoléon de M. Flandrin ne satisfait pas même à cette condition indulgente. Entre la poitrine et le dos il n'y a pas l'épaisseur de la main. Je ne dis rien du bleu cru sur lequel se détache le visage ; car la crudité du fond, comparée aux défauts que je viens de signaler, n'est qu'un défaut secondaire. Un portrait d'homme du même auteur mérite de grands éloges pour la fermeté du modelé ; les yeux sont bien enchâssés, les tempes et les pommettes bien accusées. Et pourtant, malgré toutes ces qualités éminentes que je me plais à reconnaître, la tête ne vit pas. Tous les plans du visage, si savamment étudiés, semblent traduits plutôt par l'ébauchoir que par le pinceau ; sous cette peau dont les moindres plis sont finement indiqués, le sang ne circule pas. C'est une œuvre pleine de science, mais une œuvre inanimée.

Entre les trois tableaux de M. Papety, le seul qui me plaise est celui qui représente des moines caloyers décorant une chapelle du mont Athos : le mouvement des figures est vrai et le choix des tons est heureux. Il y a dans cette petite composition une naïveté, une simplicité qui me charment et que l'auteur n'avait pas encore rencontrées. Le

Récit de Télémaque est de la même famille que la Vierge consolatrice exposée l'année dernière. Le ton bleu qui couvre toute la toile donne aux personnages un caractère fantasmagorique dont je ne saurais m'accommoder. Le Passé, le Présent et l'Avenir nous offrent une énigme à deviner. Le dessin et la couleur des trois figures qui personnifient les trois moments de la durée n'ont rien de séduisant et ne résisteraient pas à l'analyse. Je ne m'explique pas comment M. Papety, qui a vu tant de belles choses et qui a rapporté d'Italie et de Grèce tant de souvenirs précieux habilement fixés, peut se tromper si étrangement quand il se met à l'œuvre. Il est arrivé plus d'une fois à Poussin et à Prudhon de choisir pour thème de leurs compositions une idée qui d'abord ne semblait pas se prêter à la peinture ; mais cette idée rebelle, qui relevait plutôt de la philosophie que de l'art, ils savaient l'expliquer, l'animer, la montrer aux yeux ; ils la fécondaient par la réflexion et la douaient de vie par la toute-puissance de leur pinceau. Les trois figures peintes par M. Papety ne sont malheureusement ni intelligibles, ni vivantes. L'auteur ne me semble pas appelé à l'expression des idées philosophiques et agirait sagement en y renonçant dès à présent. Qu'il applique au plus tôt son savoir et son talent à quelque sujet plus facile à saisir, plus facile à expliquer. Qu'il demande à l'histoire ce que la philosophie lui refuse, une véritable inspiration. Les douze dessins exécutés par M. Papety, d'après les fresques du mont Athos, sont pleins d'intérêt et révèlent chez l'auteur le sérieux amour de son art. S'il m'était permis de hasarder une conjecture sur ces monuments précieux que je n'ai pas vus, je dirais que les têtes sont probablement copiées avec moins de fidélité que le reste, et que l'auteur les a interprétées ; car le caractère des têtes a quelque chose d'académique et ne s'accorde pas avec l'attitude et le costume des personnages. Malgré cette conjecture, que je donne pour ce qu'elle vaut, c'est-à-dire pour une conjecture, les douze dessins de M. Papety méritent d'être étudiés et se recommandent par une grande habileté d'exécution. Je regrette de voir un talent si réel, si positif, se fourvoyer dans des compositions où il ne devrait jamais s'aventurer. Espérons que M. Papety nous montrera l'an prochain une œuvre digne de lui, digne de son savoir, une œuvre que nous pourrons louer avec une entière justice.

Eudore dans les catacombes de Rome est une des meilleures compositions de M. Granet. Le sujet s'explique bien ; l'expression des visages est habilement variée ; l'attention se porte naturellement sur le personnage principal. Toute la scène est bien éclairée. Je ne mentionne que pour mémoire ce dernier mérite, auquel M. Granet nous a depuis longtemps habité. Si l'exécution répondait à la conception, ce tableau serait tout simplement une œuvre éminente ; mais il s'en faut de beaucoup que le dessin et la peinture soient à la hauteur de la pensée. L'auteur a su trouver pour chaque physionomie un type individuel, ce qui est assurément un bonheur bien rare ; mais il n'y a pas une tête qui soit modelée, pas une main qui soit, je ne dis pas faite, mais seulement ébauchée. Bien que M. Granet donne à ses œuvres une valeur constante par l'habileté proverbiale avec laquelle il distribue la lumière, il n'est pas permis de négliger comme il le fait le dessin des figures. Personne n'admire plus que moi le parti quelquefois prodigieux qu'il sait tirer de l'architecture ; personne ne rend plus volontiers justice à la simplicité, à la netteté des effets qu'il se propose et qu'il obtient habituellement avec une sécurité magistrale. Pourtant, malgré mon admiration, je ne peux lui pardonner l'état inachevé où il laisse toutes ses figures.

Dans le saint François d'Assise de M. Charles Lefebvre, on peut louer le caractère vraiment religieux de la composition. Le saint est bien posé et l'expression du visage est ce qu'elle doit être. Je regrette que l'exécution ne soit pas assez précise et que les personnages manquent de relief.

Le Triomphe de Pisani, de M. Alexandre Hesse, ne signale aucun progrès dans la manière de l'auteur. Léonard de Vinci, les Funérailles du Titien, avaient sur le tableau de cette année l'avantage de la clarté. Quant à la peinture proprement dite, c'est toujours le même procédé. On voit sans peine que M. Hesse a étudié avec persévérance, avec fruit, tous les procédés de l'école vénitienne ; mais il n'a dérobé à ces maîtres habiles que la partie matérielle de leur talent. Il sait à merveille comment Titien, Paul Véronèse, Bonifazio, faisaient les étoffes éblouissantes, de leurs tableaux ; il n'a oublié qu'une chose assez importante, il est vrai, l'art d'intéresser. Dans le Triomphe de Pisani, l'œil cherche longtemps le personnage principal ; l'attention ne sait où se porter. Ce n'est pas d'ailleurs le seul défaut de cette composition. Les étoffes sont bien faites, je le reconnais volontiers : quant aux acteurs cachés sous ces étoffes, il m'est vraiment impossible d'en deviner la forme, et je crois que M. Hesse ne s'est pas préoccupé longtemps de cette question. S'il veut prendre une place honorable dans son art, il fera bien d'adopter à l'avenir une autre méthode.

Le Christophe Colomb et le Galilée de M. Robert Fleury sont deux compositions sagement conçues. Peut-être cependant le personnage de Galilée n'a-t-il pas toute la noblesse, toute la dignité qu'on pourrait désirer. Dans le Christophe Colomb, toutes les figures sont bien ordonnées et concourent heureusement à l'effet du tableau. Je conseille à l'auteur d'employer les tons roux avec plus de discrétion.

La Ronde du Mai de M. Müller compte de nombreux partisans, je suis bien forcé de l'avouer. Tous ceux qui ont admiré le Décaméron de M. Winterhalter admirent avec le même bonheur, le même courage, la même persévérance, la Ronde du Mai ; à mon avis, ils ont parfaitement raison. Qu'est-ce, en effet, que la Ronde du Mai ? le Décaméron, avec une légère variante : les femmes étaient assises, elles se sont levées. Quant au dessin, c'est la même science, la même sévérité, la même précision. La lumière est capricieusement distribuée sur les visages, sur les épaules, sur les vêtements, et se promène partout sans s'arrêter nulle part. C'est une peinture de boudoir, dont l'unique mérite consiste à montrer des jambes assez mal faites. M. Müller a trouvé dans M. Vidal un rival redoutable que la mode protège depuis quelques années, et qui a recours aux mêmes artifices. Toutes les femmes de M. Vidal, comme celles de M. Müller, sourient et montrent leurs dents et leurs jambes. Ne cherchez pas à deviner la forme du corps, ce serait peine perdue. Pourvu que la bouche sourie et que la robe soit relevée, les partisans de M. Vidal se déclarent satisfaits. Protester sérieusement contre cet engouement puéril serait gaspiller son temps. La mode, qui a élevé ces deux noms, saura bien en faire justice ; elle les a tirés de l'obscurité, elle saura bien les condamner à l'oubli.

M. Pérignon, autre enfant gâté de la mode, jouit nonchalamment de sa renommée et ne songe pas à justifier la bienveillance avec laquelle ont été accueillis ses premiers ouvrages. Non-seulement il ne fait pas mieux, mais encore il fait moins bien que l'année dernière. A l'époque de ses débuts, il ne savait pas modeler une tête ou une main, et le public complaisant oubliait de le gourmander sur son ignorance. Les étoffes, du moins, étaient traitées avec une certaine habileté. Cette année, les têtes et les mains sont restées ce qu'elles étaient, c'est-à-dire nulles ; quant aux étoffes, elles ont à peu près la même valeur que les têtes. Il est impossible de prévoir où s'arrêtera le dédain de M. Pérignon pour la précision et la réalité. Il a commencé par négliger les têtes et les mains, aujourd'hui il néglige les étoffes ; que fera-t-il l'an prochain ? Le portrait de M. Zimmermann, par M. Dubufe, vaut mieux, à mon avis, que tous les portraits signés du même nom. Peut-être pourtant l'auteur a-t-il exagéré la sévérité du visage. La figure est bien posée, il y a dans l'exécution une fermeté à laquelle M. Dubufe ne nous avait pas habitué.

Gustave Planche

Les portraits de M. Champmartin se recommandent par l'éclat de la couleur ; l'exécution est généralement incomplète. On voit que M. Champmartin se contente trop facilement. Le portrait d'Ibrahim-Pacha est bien posé, mais la tête et les mains n'ont pas la valeur et la réalité que l'auteur pourrait certainement leur donner, car ce n'est pas le savoir qui lui manque. Il est heureusement doué, et l'étude a développé ses facultés. S'il avait eu le courage de résister à ses premiers succès, s'il n'avait pas pris à la lettre les louanges qui lui ont été prodiguées, ses ouvrages compteraient parmi les meilleurs de notre temps. L'Accord et la Visite sont deux charmantes compositions très habilement traitées. Les chats surtout sont rendus avec une grande finesse.

Deux portraits de M. Cornu, celui du comte G. de B. et celui de Mme B., se distinguent par l'élégance et la solidité de l'exécution. Les deux têtes sont bien modelées. Il y a dans ces deux portraits un véritable savoir ; tous les détails sont traités avec un soin scrupuleux qui mérite d'être signalé. On voit que M. Cornu se contente difficilement, et il a raison. C'est à cette condition seulement qu'il est possible d'obtenir et de garder l'approbation des juges éclairés.

Les miniatures de Mme de Mirbel sont cette année, comme toujours, les plus belles miniatures du salon. L'élégance et la finesse des têtes ne laissent rien à désirer. Les portraits d'Ibrahim-Pacha, de M. His de Butenval, de M. le comte Pajol, prendront rang certainement parmi les meilleurs ouvrages de l'auteur. Ce qui assigne à Mme de Mirbel la première place, ce qui la recommande d'une façon toute spéciale, c'est la souplesse et la vérité des chairs. Elle lutte avec la peinture à l'huile, et parfois il lui arrive de soutenir dignement la comparaison. Elle possède, à mes yeux, un autre mérite non moins précieux : le succès ne l'a pas éblouie, la popularité ne l'a pas enivrée. Aujourd'hui, comme à l'époque de ses débuts, elle traite avec le même soin toutes les parties de son œuvre. Son zèle ne s'est point ralenti. Elle n'a vu dans la louange qu'un encouragement à mieux faire, et elle s'est efforcée, par des études persévérantes, de garder son rang. C'est un bonheur pour la critique de rencontrer un talent aussi éminent uni à une volonté aussi constante.

Les miniatures de Mme Herbelin, sans pouvoir se comparer à celles de Mme de Mirbel, offrent pourtant un intérêt sérieux. La Prière, étude d'après nature, révèle chez Mme Herbelin un savoir très positif, une connaissance approfondie des ressources de son art. La tête est d'une belle expression, le front pense, les yeux lisent bien. En un mot, l'auteur a su nettement ce qu'il voulait faire, et il a trouvé dans son pinceau un instrument obéissant. Toutefois Mme Herbelin doit se défier de sa prédilection pour la fermeté. Pour obtenir un contour pur et précis, il lui arrive de simplifier, au-delà de toute mesure, les plans du visage. Ainsi dans la Prière, depuis la pommette gauche jusqu'au menton, il n'y a qu'un seul plan, et la joue n'a pas la souplesse qu'elle devrait avoir. L'auteur dessine généralement bien ; il faut qu'il s'applique à mettre dans son travail un peu plus de variété. Les quatre portraits qui accompagnent la Prière donneraient lieu à des remarques du même genre. En étudiant attentivement les ouvrages de Mme de Mirbel, Mme Herbelin comprendra sans peine ce qui lui manque, et la critique n'aura bientôt plus de conseils à lui donner.

Parmi les miniatures de M. Maxime David, il en est deux qui méritent une attention spéciale : le portrait de Suleïman-Pacha et celui de Mme J. S. La tête du pacha offre un mélange heureux de finesse et de gravité. Quant à la tête de Mme J. S., elle est pleine de grace et de fraîcheur. Les yeux et la bouche sont rendus avec une rare délicatesse. Les cheveux ont de la souplesse, de la légèreté. M. David n'avait encore rien fait d'aussi vivant.

Il y a beaucoup à louer dans les Espagnols des environs de Peuticosa, de M. Camille Roqueplan. Le talent de l'auteur, qui jusqu'ici ne s'était révélé que sous une forme séduisante, se montre aujourd'hui sous une forme sévère. On pourrait souhaiter un peu plus de richesse dans le choix des tons ; mais la tête du personnage principal est d'un beau caractère, et tous les plans du visage sont indiqués avec une netteté, une précision que nous n'avions jamais rencontrées dans les précédents ouvrages de M. Roqueplan.

Une Cérémonie dans l'église de Delft au XVIe siècle, de M. E. Isabey, offre une réunion charmante de têtes fines et de costumes variés. M. lsabey n'a jamais rien fait de plus coquet, de plus gracieux. Cependant, malgré le plaisir très réel que m'a donné cette toile, je dois dire qu'elle mérite plus d'un reproche. Toutes les figures sont à peu près au même plan ; l'architecture manque de profondeur, et les couleurs ont une sorte de crudité qui n'est pas sans analogie avec la peinture des vases chinois. Je ne prétends pas contester le charme de cette composition ; seulement je pense que M. Isabey devrait être plus sévère pour lui-même. Le goût sûr dont il a donné tant de preuves sera pour lui le meilleur des conseillers.

Ce que je disais de M. Diaz l'année dernière, je dois le redire cette

Gustave Planche

année. M. Diaz, en effet, est toujours au même point. Qu'il peigne une figure ou un paysage, il trouve toujours sur sa palette des tons charmants dont il compose des esquisses ingénieuses ; mais, ce premier pas une fois fait, la force ou la volonté lui manque pour aller au-delà. Il n'offre donc à nos yeux qu'une suite d'ébauches qui plaisent au premier aspect, mais ne supportent pas l'analyse. M. Diaz gaspille les dons heureux qu'il a reçus en partage. Quand il a commencé à se produire, on pouvait se montrer indulgent pour ses premières tentatives ; l'heure de la sévérité est maintenant venue. Il n'est plus permis d'accepter comme des œuvres définitives tous les caprices de son pinceau ; il faut, même dans une figure de six pouces, respecter les lois du dessin, et M. Diaz ne paraît pas s'en soucier. Il faut aux arbres des feuilles, aux allées de l'air, de l'espace, et M. Diaz ne tient aucun compte de ces notions élémentaires. Pourvu qu'il présente à l'œil étonné une succession éclatante et variée de tons souvent pris au hasard, il ne s'inquiète pas du reste et se tient pour satisfait. Que tous les arbres soient au même plan, que les terrains manquent de solidité, peu lui importe. Si l'œil est ébloui, si l'émeraude et le rubis se disputent l'attention, il a touché le but qu'il se proposait, et il prend en pitié toutes les objections. Qu'arrive-t-il pourtant ? Ces ébauches finissent par lasser le spectateur le plus bienveillant. Toutes ces forêts sans air, toutes ces figures sans charpente, ne peuvent intéresser longtemps. Si M. Diaz ne veut pas perdre sa popularité, il faut qu'il se résigne à de sérieuses études. Ses ébauches capricieuses ont été jusqu'ici applaudies comme des promesses. S'il n'est pas en mesure de réaliser ces promesses, l'oubli, un oubli légitime, l'atteindra bientôt. Vainement ses amis s'obstineront à le présenter comme un maître, comme un modèle : le public ne tiendra aucun compte de ces affirmations sans preuves ; il ne daignera même plus jeter les yeux sur les ébauches de M. Diaz.

M. Gérôme débute par un ouvrage charmant : Deux jeunes Grecs faisant battre des coqs. Il y a dans cette composition une grâce, une fraîcheur en harmonie parfaite avec le sujet. Toute la figure du jeune homme est modelée avec une rare élégance. La figure de la jeune fille n'a pas moins de finesse, moins de précision. Seulement il me semble que l'expression du visage ne s'accorde pas assez nettement avec la nature de la scène que M. Gérôme a voulu représenter. Le jeune homme regarde bien, ses yeux sont pleins d'attention et de curiosité ; il règne sur le visage de la jeune fille une mélancolie rêveuse qui serait tout aussi bien placée dans une scène d'un autre genre. La draperie qui enveloppe les hanches a le défaut très grave de masquer la forme qu'elle devrait expliquer. Toutefois ces deux figures sont empreintes d'une jeunesse qui réjouit la vue. M. Gérôme a dignement profité des leçons de M. Gleyre. Peut-être eût-il mieux valu traiter le sujet dans de moindres proportions. C'est une question de goût sur laquelle les avis peuvent varier. Quelle que soit, à cet égard, la décision des esprits scrupuleux, elle ne saurait entamer le mérite réel de l'œuvre que nous examinons. C'est un beau début, c'est plus qu'une promesse. Les encouragements ne manqueront pas à M. Gérôme, s'il persévère dans la voie où il est entré cette année.

Les Femmes juives à la fontaine, de M. Charles Nanteuil, présentent plusieurs figures étudiées avec soin. Les vêtements ont de la richesse, les mouvements sont bien compris et rendus avec bonheur. Je voudrais que la fontaine eût moins d'importance, et je suis sûr que la composition y gagnerait. J'avais fait, l'année dernière, une remarque du même genre sur les Fouilles dans la Campagne romaine, de M. Nanteuil ; comme je n'ai pas changé d'avis, je ne dois pas changer de langage. Il faut évidemment sacrifier ou du moins subordonner les personnages à l'architecture, ou l'architecture aux personnages, selon l'effet qu'on se propose. Si l'on donne à ces deux éléments de la composition une importance à peu près égale, l'effet manque nécessairement de netteté.

Le Tournoi d'enfants, de Mme Cavé, est conçu d'une façon ingénieuse. Le ton général du tableau, quoique un peu pâle, n'est pas sans charme. C'est une œuvre gracieuse qui appelle le sourire sur les lèvres. Le dessin des figures n'est pas sans reproche ; mais l'incorrection n'est pas assez grave pour blesser les yeux.

Le Tripot et le Mendiant, de M. Penguilly, intéressent par la vérité de la pantomime, par la finesse de l'exécution. Le Mendiant surtout est traité dans toutes ses parties avec un soin, une patience que je ne me lasse pas d'admirer. La tête peut se placer sans désavantage à côté des morceaux les plus achevés de l'école hollandaise. Les haillons sont très bien faits ; peut-être eût-il mieux valu en diminuer la masse pour donner à la figure moins de pesanteur. Le Tripot est d'un effet sinistre, le joueur dont le sang coule, dont les jambes fléchissent, tandis que le meurtrier s'enfuit par la fenêtre, est très bien posé. Ces deux compositions révèlent chez M. Penguilly un rare talent d'observation. Le Paysage par un temps de pluie n'est pas moins terrible que le Tripot. Dans ce tableau étrange, le ciel semble fait pour le gibet, et le gibet pour le ciel.

Les jeunes Pâtres espagnols, de M. Adolphe Leleux, les Mendiants espagnols, de M. Armand Leleux, le Souvenir d'Espagne, de M. Edmond Hédouin, appartiennent à la même famille et méritent à peu près les mêmes reproches. Il y a dans ces trois compositions du naturel, de la vérité, mais le dessin est trop sacrifié à la couleur. Dans les Pâtres espagnols, de M. Adolphe Leleux, la forme est tellement négligée, que les personnages ressemblent plutôt à des taches ou à des chiffons qu'à des créatures vivantes. Les débuts de M. Adolphe Leleux ont été justement applaudis, et le public, en le voyant si peu sévère pour lui-même, aurait le droit de l'accuser d'ingratitude. Le Souvenir d'Espagne, de M. Hédouin, quoique la forme y soit traitée avec un peu plus de respect, n'est cependant pas dessiné aussi nettement qu'on pourrait le souhaiter. Que M. Adolphe Leleux se corrige, M. Armand Leleux, M. Edmond Hédouin, profiteront certainement de son exemple, et se corrigeront à leur tour. S'ils s'obstinaient à négliger la forme comme ils l'ont fait cette année, bientôt le public n'apercevrait plus les qualités heureuses dont ils sont doués, et passerait devant leurs ouvrages avec indifférence.

Les Lutteurs, paysage de M. Paul Flandrin, sont d'un bon aspect. Le mouvement des figures est énergique et vrai. Le fond est bien composé et offre de belles lignes ; malheureusement les arbres sont lourds et nuisent un peu à l'effet du tableau. Cependant, malgré ce défaut, l'œuvre de M. Paul Flandrin mérite de grands éloges. Une Vue de la campagne de Rome, de M. Flachéron, se recommande par un style sévère. Il y a de la grandeur, de l'élévation dans ce paysage ; on y sent la main et la pensée d'un homme qui a longtemps étudié la campagne romaine et qui la comprend bien. Quelques détails sont traités avec un peu de dureté, mais l'ensemble est satisfaisant. Le pont El-Cantara à Constantine, de M. Thuillier, manque absolument d'intérêt et de caractère. Ce n'est pas que ce paysage soit dépourvu de mérite. Les fonds sont rendus avec finesse, mais les premiers plans sont plâtreux ; et puis cette toile a le défaut commun à toutes les toiles de M. Thuillier, elle manque d'originalité ; qu'il s'agisse de la Provence ou de l'Auvergne, de l'Italie ou de l'Afrique, M. Thuillier imprime à tous ses tableaux une éternelle monotonie ; il voit partout, il met partout la même couleur. Cette uniformité, cette monotonie rend à peu près nul l'effet de ses meilleurs ouvrages. M. Thuillier a beaucoup vu, beaucoup étudié ; mais ses études et son talent demeureront stériles tant qu'il ne saura pas distinguer et reproduire la couleur individuelle de chaque pays. M. Achard a choisi dans le parc du Raincy une vue dont il a rendu toutes les parties avec un soin scrupuleux. Les arbres, l'eau et les terrains sont traités avec habileté. C'est une fidèle imitation de la nature. Ce n'est pas là, selon nous, toute la tâche du paysagiste, mais nous devons reconnaître que M. Achard a touché le but qu'il se proposait, et nous louons sa persévérance.

Une Vue de la terrasse de Richemond, de M. Watelet, ressemble à tous les paysages passés et, je le crains bien, à tous les paysages futurs du même auteur. Pour M. Watelet comme pour M. Thuillier, le monde entier est toujours et partout de la même couleur. Cependant, sauf ce point capital, je ne voudrais établir aucune comparaison entre M. Thuillier et M. Watelet. Les ouvrages de M. Thuillier sont trop souvent monotones, les ouvrages de M. Watelet sont constamment vulgaires ; la vue de Richemond est absolument inanimée. L'eau, les feuilles, les animaux, tout est immobile. En regardant ce paysage que la mort habite et remplit de son souffle glacé, on se sent frissonner, et pourtant M. Watelet a prodigué la verdure ; mais le vent traverserait la plaine sans déranger un brin d'herbe dans ce paysage dont le modèle n'existe heureusement nulle part.

Une petite toile de M. Corot attire tous les yeux et réunit tous les suffrages. C'est un effet du soir très finement saisi et très habilement rendu. Je dis très habilement, quoiqu'il faille se placer à une certaine distance pour jouir pleinement du paysage de M. Corot. L'eau, le ciel et les arbres sont alors en parfaite harmonie et charment les juges les plus sévères ; mais, si l'on s'approche, on aperçoit sans peine tout ce qu'il y a d'incomplet dans l'exécution. L'eau paraît crayeuse, les feuilles manquent d'air, le tronc des arbres céderait sous le doigt. Tous ces défauts sont faciles à relever, et pourtant, malgré tous ces défauts, cette toile est charmante ; il est impossible de la voir une fois sans éprouver bientôt le désir de la revoir et de la contempler à loisir. M. Corot est assurément une des imaginations les plus poétiques de notre temps, et chacune de ses œuvres porte l'empreinte de son imagination. Depuis son Berger jouant de la flûte, qui pouvait se comparer aux plus fraîches idylles de Théocrite, il n'avait rien montré d'aussi heureusement composé que le petit paysage de cette année. Bien que l'exécution laisse beaucoup à désirer, le tableau de M. Corot est une perle que les amateurs les plus dédaigneux se disputeront, et leur empressement ne sera que justice ; car on aurait mauvaise grâce à compter les imperfections d'un ouvrage si poétiquement conçu. Heureux celui qui le possédera !

M. Adolphe Yvon, dont le nom est nouveau pour nous, a montré, dans plusieurs dessins dont les sujets sont empruntés à la Russie, un talent original et vigoureux. C'est un début de bon augure, que sans doute M. Yvon ne démentira pas. La Mosquée tartare de Moscou, le Droski, la Route de Sibérie, sont l'œuvre d'une main exercée. Toutes ces études ont un caractère de vérité que je me plais à louer.

Tant de noms justement célèbres ont manqué à l'appel cette année, qu'il y aurait de la présomption à vouloir juger l'état réel de l'école française d'après les toiles exposées au Louvre. Quand MM. Ingres et Delaroche, quand MM. Decamps, Jules Dupré, Paul Huet, Cabat, sont absents, on ne peut se former une idée juste et complète de l'art contemporain. Toutefois, en nous restreignant, bien entendu, aux ouvrages que nous venons d'analyser, nous sommes amené à une conclusion sévère. Le goût des grands ouvrages, le goût du grand style, s'affaiblit de plus en plus. Sauf quelques rares exceptions, le salon est plutôt un bazar qu'une lutte ardente entre des talents sincères, dévoués sans réserve à l'étude, à l'intelligence, à l'expression de la beauté. Le tableau pour lequel le public s'est passionné pendant quelques jours ne résiste pas à la discussion. Le Louvre n'est plus qu'une succursale de Susse et de Giroux. La réunion de tels ouvrages n'apprend rien, n'excite aucune émulation. Il est parfaitement inutile d'offrir à la curiosité deux mille toiles, dont la plupart sont insignifiantes. Il serait beaucoup plus sage de limiter le nombre des ouvrages que chaque peintre pourrait envoyer. L'attention publique n'étant plus éparpillée comme aujourd'hui, l'opinion deviendrait plus sévère, les jugements plus précis ; alors peut-être on verrait s'engager un combat sérieux, et le salon deviendrait un enseignement.

LA SCULPTURE

M. Pradier s'est essayé cette année dans un genre qui malheureusement ne convient pas à son talent, dans la sculpture chrétienne. Il possède, en effet, un talent essentiellement païen, et il doit savoir mieux que personne à quoi s'en tenir sur la valeur du groupe qu'il a envoyé au Louvre. Sa Pietà, nous devons le dire, ne satisfait à aucune des conditions du sujet. Ni le Christ, ni la Vierge, n'ont l'expression et l'attitude qu'ils devraient avoir. Sans doute, il y a dans le torse et les membres du Christ plusieurs morceaux exécutés avec une remarquable habileté ; à cet égard, M. Pradier a fait ses preuves depuis longtemps. Qu'il choisisse un sujet païen ou chrétien, nous sommes sûr de retrouver dans chacun de ses ouvrages une imitation savante de la forme humaine ; mais les lignes générales du corps manquent absolument d'harmonie ; le pied droit qui va rejoindre la main du même côté blesse le goût, et nous étonne dans un ouvrage de M. Pradier. Si l'on peut, en effet, contester à bon droit l'originalité des œuvres que l'auteur a signées depuis vingt ans, si ces œuvres, étudiées attentivement, relèvent plutôt de la mémoire que de l'imagination proprement dite, il est impossible de méconnaître, il est impossible de ne pas louer le goût sévère qui a presque toujours présidé à la combinaison ingénieuse de ces souvenirs. M. Pradier connaît à merveille tous les musées de l'Italie, et il met son savoir à profit avec une adresse que personne encore n'a surpassée. Par malheur, ses études jusqu'ici n'ont jamais été dirigées du côté de l'art chrétien, et, comme il a l'habitude de se fier à sa mémoire avec une entière sécurité, ne trouvant en lui-même aucun modèle qu'il pût imiter, il a composé un ouvrage sans signification, sans expression définie. Le visage du Christ n'a rien de divin. Le torse et les membres, louables dans plusieurs parties, si l'on ne tient pas compte de la nature du personnage, soulèvent, de graves objections dès qu'on se décide à comparer ce que l'auteur a fait à ce qu'il a dû vouloir faire. Le torse et les membres ne sont pas ceux du Christ mort sur la croix, mais tout au plus ceux d'un homme endormi, affaissé sur lui-même. Quant à la Vierge de M. Pradier, elle est encore plus éloignée que le Christ de l'idée nécessaire que nous devons nous former d'un tel personnage. La tête, modelée d'ailleurs avec une certaine négligence, pourrait tout au plus convenir à Clytemnestre, à Melpomène ; j'y cherche vainement la candeur virginale, la douleur résignée, attribuées par l'Évangile à la mère du Christ. Le visage exprime plutôt la colère, la soif du sang, comme pourrait, comme devrait le faire Clytemnestre poussée par Égisthe vers le lit d'Agamemnon qu'elle va frapper. La Pietà de M. Pradier est donc une méprise complète, et nous espérons que l'auteur de tant de gracieux ouvrages empruntés à la mythologie grecque renoncera dès à présent à l'art chrétien qu'il n'a pas étudié, sans se compromettre dans une nouvelle tentative du même genre.

Entre les deux statues couchées, exécutées par M. Pradier pour la chapelle de Dreux, il en est une qui mérite une attention spéciale ; je veux parler de la statue de Mlle de Montpensier. La statue du duc de Penthièvre est convenablement ajustée, et rappelle assez heureusement le, style des tombeaux placés dans une église de Bruges, tombeaux qui ont été moulés et dont les plâtres sont depuis plusieurs années dans une salle du Louvre. Toutefois, malgré la valeur des modèles que M. Pradier a pu librement consulter sans sortir de

Paris, la statue du duc de Penthièvre n'a vraiment rien de remarquable. Quant à la statue de Mlle de Montpensier, c'est à coup sûr, sous le rapport de l'exécution, un des meilleurs ouvrages de l'auteur. L'attitude de l'enfant est pleine de grâce, le visage plein de sérénité. La draperie est bien ajustée, et laisse apercevoir la forme sans la suivre trop servilement. On pourra dire avec raison que c'est plutôt un enfant endormi qu'un enfant mort ; mais cette remarque, bien que juste en elle-même, ne saurait diminuer la valeur de la figure que nous examinons. Le visage, en effet, le visage tout entier est un morceau charmant, qui fait le plus grand honneur au ciseau de M. Pradier. Pourquoi faut-il que ce visage réveille en nous des souvenirs tellement précis, qu'il nous est impossible de les passer sous silence. L'original de ce morceau est connu depuis longtemps ; c'est une tête de François, qui se trouve dans le commerce, et que chacun peut se procurer. La seule modification qui appartienne à M. Pradier, c'est l'ouverture de la bouche qui dans l'original est fermée. Sauf cette variante sans importance, la tête de Mlle de Montpensier est littéralement copiée sur une tête de François. Il y a, je le reconnais volontiers, dans l'imitation que nous avons sous les yeux, une vérité, une souplesse, bien difficiles à surpasser. Je ne crois pas même qu'il soit donné au ciseau d'aller au-delà ; je ne crois pas que l'art humain puisse animer le marbre plus heureusement que ne l'a fait M. Pradier. Je dis animer, car cet enfant respire et n'est qu'endormi. Oui, sans doute, c'est un chef-d'œuvre d'exécution ; mais ce chef-d'œuvre aurait une bien autre valeur, si l'auteur eût consulté directement la nature, au lieu de copier un morceau connu depuis longtemps. La mémoire est une excellente chose dont il ne faut cependant pas abuser, si l'on ne veut pas mériter le même reproche que le repas de langue apprêté par Ésope. Et pourtant il y a dans la statue couchée de Mlle de Montpensier tant d'abandon, tant de naïveté, tant de grâce enfantine, qu'il faut remercier M. Pradier de son heureux plagiat. Pour ceux qui savent, l'original diminue singulièrement la valeur de la copie ; pour ceux qui ne savent pas, et le nombre en est grand, l'original est comme non avenu ; la foule pourra donc se livrer sans inquiétude à son admiration, et je suis loin de la blâmer.

Des trois bustes envoyés par M. Pradier, le meilleur, à mon avis, est celui de M. Auber. La ressemblance est très satisfaisante, et les différentes parties du visage sont étudiées et rendues avec un soin qui, chez l'auteur, n'est pas habituel. Il lui arrive rarement en effet de traiter la tête avec autant d'attention et de persévérance que le torse et les membres. Tout entier au choix des lignes harmonieuses qui doivent séduire et captiver l'œil du spectateur, il néglige presque toujours l'expression et la réalité du visage. Pour le buste de M. Auber, il a donc dérogé à ses habitudes. L'œil et la bouche ont de la finesse ; le front pense ; les plis des paupières sont indiqués avec précision et sans sécheresse. Je crois que l'auteur pourrait faire mieux encore ; cependant c'est un ouvrage très recommandable, et je voudrais que M. Pradier se décidât à étudier plus souvent le masque humain comme il l'a fait cette fois. Le buste de M. le comte de Salvandy est d'une exécution beaucoup moins précise que l'ouvrage précédent. Je ne dis rien de la ressemblance, qui pourrait être certainement plus complète, mais qui cependant est suffisante. Sous le rapport de la réalité, il laisse beaucoup à désirer. Le front, les joues et le menton sont plutôt indiqués que rendus, dans la véritable acception du mot. La bouche ne parle pas, les yeux ont un regard vague, indécis ; les cheveux manquent de souplesse, de légèreté. Pour moi, c'est un travail plutôt préparé qu'achevé. M. Pradier, dont la main obéit si bien à sa pensée, se doit à lui-même de ne pas nous montrer une œuvre aussi incomplète. Quelques jours lui auraient suffi pour amener le portrait de M. de Salvandy au même degré de réalité que le portrait de M. Auber ; l'imperfection de son œuvre ne doit être imputée qu'à sa volonté. Le buste de M. Le Verrier me semble inférieur au buste de M. de Salvandy. On dirait que l'auteur a traité ce portrait comme une œuvre sans importance et s'est contenté d'une ressemblance vulgaire. Le modèle n'a-t-il pas posé assez longtemps ? M. Pradier n'a-t-il pas pu étudier à loisir le visage qu'il voulait copier ? A-t-il dû compléter par ses souvenirs ce qu'il avait ébauché en présence du modèle ? Je ne sais vraiment à quelle conjecture m'arrêter. Quelle que soit la véritable origine des défauts qui déparent ce portrait, ces défauts sont constants et frappent les yeux les moins clairvoyants. Sans avoir la prétention de retrouver sur le visage l'empreinte d'une pensée spéciale, prétention qui transforme trop souvent l'art en caricature, il nous est permis du moins d'exiger que la tête pense, surtout lorsqu'il s'agit d'un homme aussi éminent que M. Le Verrier. Or, le buste exécuté par M. Pradier est loin de satisfaire à cette condition impérieuse. Le front et la bouche sont modelés d'une façon très incomplète. Je regrette sincèrement que l'auteur, volontairement ou involontairement, ait exprimé avec tant de confusion, je devrais dire avec tant d'obscurité, la nature du modèle qu'il voulait reproduire. C'est une faute facile à réparer, car sans doute M. Le Verrier ne refusera pas de poser quelques jours de plus.

Je suis très loin de partager l'engouement de la foule pour la Femme

piquée par un serpent de M. Clesinger. Cet engouement, il faut l'espérer, ne sera pas de longue durée. S'il en était autrement, le goût
public serait singulièrement dépravé. J'aime à penser que la foule,
éclairée par les remontrances des hommes sensés, comprendra toute
la gravité de sa méprise, et ne se souviendra plus l'an prochain du
nom qu'elle exalte, qu'elle glorifie depuis six semaines. L'année dernière, M. Clésinger jouissait encore d'une parfaite et légitime obscurité. Est-il cette année plus savant, plus habile que l'année dernière ?
Pour ma part, je ne le pense pas. En premier lieu, cette femme piquée par un serpent n'exprime aucunement la douleur, le serpent est
un véritable hors-d'œuvre ; il est très évident qu'il a été ajouté après
coup. S'il fallait à toute force déterminer l'expression de cette figure,
s'il fallait dire ce qu'elle signifie, quel sentiment elle révèle, certes un
homme de bonne foi, un homme de bon sens ne se prononcerait pas
pour la souffrance. Il est impossible, en effet, d'y voir autre chose que
les convulsions de la volupté. Ainsi, quant à l'expression, l'auteur s'est
grossièrement trompé. Il a confondu deux sentiments qui ne sont
unis entre eux par aucune analogie. Reste à examiner l'exécution.
Or, je n'hésite pas à le dire, et j'ai la certitude que tous les hommes
familiarisés avec les monuments les plus purs de l'art antique et de
l'art moderne formuleraient au besoin la même opinion, le procédé
employé par M. Clesinger est à la statuaire ce que le daguerréotype
est à la peinture. Ce procédé, quel est-il ? A cet égard, il me semble
que le doute n'est pas permis. L'œuvre de M. Clesinger n'a pas le caractère d'une figure modelée, mais bien d'une figure moulée. Pour le
croire, pour l'affirmer, il suffit d'étudier attentivement tous les morceaux dont se compose cette figure. Partout l'œil aperçoit les traces
manifestes d'un art impersonnel. Le modèle offrait de belles parties
qui sont demeurées ce qu'elles étaient et qui séduisent ; mais il offrait
aussi bien des pauvretés, bien des détails mesquins, que l'art sérieux
dédaigne et néglige à bon droit, et que M. Clesinger n'a pas su effacer.
L'auteur a respecté les plis du ventre, parce que le plâtre les avait res-
pectés. Il a conservé follement la flexion des doigts du pied gauche,
qui ne se comprendrait pas s'il eût modelé au lieu de mouler. Que
signifie, en effet, cette flexion ? Rien autre chose que l'habitude de
porter une chaussure trop courte. Les mains manquent d'élégance,
parce que les phalanges ne sont pas assez longues. La tête, qui, sans
doute, n'a pas été moulée, et que l'auteur n'a pas su modeler, est très
inférieure, comme réalité, au reste de la figure. Ce que j'ai dit des plis
du ventre, je pourrais le dire avec une égale justesse de bien d'autres
détails non moins mesquins. Les plis de la peau au-dessus de la

hanche gauche sont beaucoup trop multipliés ; la forme des genoux est loin d'être satisfaisante. Parlerai-je des lignes générales de cette figure ? Il est impossible de découvrir de quel côté il faut la regarder. Si l'on veut la regarder en face, c'est-à-dire en se tournant du côté de la poitrine, la tête disparaît complètement. Si l'on se tourne du côté du dos, la tête ne se voit pas davantage. Si l'on se place au pied de la figure ; on ne voit absolument que la jambe, la cuisse, la hanche et l'épaule gauche. Avec la meilleure volonté du monde, il n'est jamais permis d'embrasser d'un regard l'ensemble de cette figure. Dire que les lignes sont mauvaises, dire qu'elles manquent d'harmonie, d'élégance, serait traduire ma pensée d'une façon bien incomplète. Un seul mot exprimé nettement l'impression que j'éprouve en regardant cette figure. Les lignes sont nulles, car dans la statuaire les lignes brisées n'ont aucune valeur. Si M. Clesinger se fût borné à mouler quelques morceaux pour les interpréter, pour les copier à loisir quand le modèle n'était plus devant lui, je ne songerais pas à le blâmer ; et pourtant il vaut toujours mieux travailler d'après la nature vivante que d'après des morceaux moulés. Dans son amour aveugle pour la réalité, il ne s'en est pas tenu là. Au lieu de mouler quelques parties, il est évident qu'il a moulé la figure entière, à l'exception de la tête, qu'il a réuni les morceaux et livré le plâtre au praticien, qui l'a mis au point. Un tel procédé peut éblouir pendant quelques semaines les yeux de la foule, mais n'a rien à démêler avec la statuaire proprement dite.

S'il pouvait d'ailleurs rester quelque doute dans l'esprit du spectateur éclairé sur la nature du procédé employé par M. Clesinger, sur la manière dont il a reproduit la réalité, ce doute s'effacerait bientôt en présence des enfants de M. le marquis de Las Marismas. Dans ce groupe, qui pouvait être charmant, la réalité est complètement absente. Si la figure piquée par un serpent n'est pas moulée, pourquoi cette différence qui frappe les yeux les moins exercés ? Pourquoi cette femme est-elle si réelle, tandis que ces enfants ont si peu de réalité ? Ces deux œuvres, qui se ressemblent si peu, sont-elles sorties de la même main ? Je ne puis consentir à le croire. Dans la première de ces œuvres, M. Clesinger nous a donné le modèle tel qu'il est, sans rien y mettre de personnel ; dans la seconde, il nous a donné la nature telle qu'il la voit, et comme il la voit mal, comme il ne sait pas la reproduire, comme l'ébauchoir entre ses mains ne sait pas lutter avec la réalité, il nous a montré deux enfants dont le modèle n'existe nulle part. Les proportions qui appartiennent à l'enfance ne sont pas observées. Le torse n'a pas la longueur voulue, le ventre n'est pas assez développé, la poitrine est celle d'un adulte, les membres inférieurs sont trop longs. En un mot, ces deux enfants sont tout simplement deux hommes vus à travers une lorgnette retournée. A coup sûr, celui qui a fait ces deux enfants ne peut pas avoir fait la figure de femme dont nous parlions tout à l'heure. Il n'y a qu'une seule manière plausible d'expliquer la différence profonde qui sépare ces deux ouvrages, c'est de voir, dans le premier, la reproduction impersonnelle de la réalité, et, dans le second, une lutte impuissante contre la nature que l'auteur avait sous les yeux. Pour arriver à cette conclusion, il n'est pas nécessaire d'avoir vu assembler les morceaux dont se compose la figure, qui, pour nous, est une figure moulée ; il suffit de la comparer au groupe des enfants du marquis de Las Marismas.

Je ne dis rien du buste de M. de Beaufort : c'est un ouvrage insignifiant dont la critique ne doit pas s'occuper ; mais je me crois obligé de parler du buste de Mme ***, parce que la foule s'est engouée de ce portrait comme elle s'était engouée de la figure piquée par un serpent. Ici, le savoir de M. Clesinger se montre dans toute son indigence. A propos de ce portrait, j'ai entendu prononcer le nom de Coustou ; il n'y a rien de commun entre Coustou et M. Clesinger. Coustou, sans être un Phidias, a montré dans ses ouvrages une véritable habileté, une grace, une élégance, qui lui assurent un rang élevé dans l'histoire de l'art. Il lui est arrivé plus d'une fois de blesser le goût des juges sévères dans l'ajustement de ses draperies, de chercher des effets que la statuaire doit s'interdire ; mais ces fautes, qui appartiennent à son temps, ne sauraient effacer le mérite réel de ses ouvrages. Le buste de Mme *** ne peut faire illusion qu'aux yeux mal exercés. Ce qu'on prend pour de la souplesse dans les cheveux, pour de la mollesse dans les chairs, est dû à un artifice où la statuaire n'a rien à voir. Ce n'est pas le ciseau qui a donné aux chairs et aux cheveux l'aspect que vous admirez ; c'est tout simplement la cire fondue appliquée sur le marbre, dont l'eau-forte a ouvert les pores. Cet aspect, d'ailleurs, n'a rien de bien séduisant, et, pour peu qu'on prenne la peine d'étudier attentivement ce portrait de femme, on s'aperçoit bien vite qu'il a quelque chose de savonneux. Jamais Coustou n'a eu recours à l'artifice grossier employé par M. Clesinger ; jamais une figure sortie de ses mains n'a eu le caractère du portrait que nous avons sous les yeux. Le regard et le sourire ont quelque chose de mignard qui nous reporte aux plus beaux jours du style Pompadour.

Je ne sais comment qualifier une jeune Néréide portant des présents. Toute cette figure est modelée avec tant de négligence, que M. Clesinger eût bien fait de la garder dans son atelier. Cet ouvrage, mieux encore que le groupe des deux enfants, prouve que la figure piquée par un serpent n'est pas une œuvre personnelle. Il n'y a pas, en effet, dans cette Néréide, un seul morceau qui porte le cachet de la réalité. Le torse et les membres seraient à peine acceptables après une année d'étude. La forme est lourde et manque absolument de jeunesse. Cette Néréide est, à mon avis, le plus terrible des arguments que M. Clesinger ait fournis contre lui-même. En signant un ouvrage si parfaitement nul, il semble avoir pris à tâche de réfuter tous les éloges prodigués à son savoir, à son talent d'imitation. Les admirateurs les plus complaisants ne sauraient comment s'y prendre pour louer cette figure, dont l'attitude est pleine de raideur, dont le visage n'exprime rien, dont les yeux ne regardent pas, dont la bouche immobile ne respire pas. Après avoir vu ce dernier ouvrage, il n'est plus permis de s'abuser sur la valeur de M. Clesinger. Encore quelques semaines, et sans doute notre opinion n'étonnera plus personne.

J'ai peine à comprendre, je l'avoue, comment M. Lemaire a pu être amené à baptiser, ainsi qu'il l'a fait, la figure colossale que nous voyons au Louvre, Archidamas se prépare à lancer le disque : telles sont les paroles que nous lisons dans le livret. Nous croyons naturellement que le marbre doit traduire la pensée de l'auteur ; pourtant il n'en est rien. Archidamas ramasse le disque, mais il est impossible de deviner qu'il se prépare à le lancer. L'attitude de cette figure s'accorde très mal avec le sujet choisi par l'auteur. Archidamas est accroupi, et rien en lui ne révèle la force et l'énergie dont il aura besoin pour lancer le disque placé à ses pieds, car l'exécution est à la hauteur de la pensée. Le torse et les membres sont empreints d'une mollesse difficile à expliquer. Il existe une statue antique, bien connue de tous les élèves de l'académie, qui s'appelle le Discobole. Dans cette statue, le mouvement est en harmonie parfaite avec l'action que le sculpteur a voulu exprimer. M. Lemaire, par un étrange caprice, semble s'être proposé de donner à sa figure un mouvement qui ne permette pas de deviner ce qu'elle va faire. Si telle a été sa pensée, s'il a voulu exciter la curiosité, et en même temps dérouter l'intelligence du spectateur, je dois convenir qu'il a réussi. Pourtant j'aimerais mieux qu'il se fût humblement soumis aux vieilles traditions de l'école, et que le mouvement expliquât l'action. Un homme qui se prépare à lancer le disque devrait, selon moi, et le statuaire antique est de mon avis, montrer dans les muscles de la poitrine et des bras l'énergie nécessaire à l'accomplissement de sa volonté. M. Lemaire ne partage pas cette opinion, et il l'a bien prouvé. Son Archidamas semble à peine capable, je ne dis pas de lancer, mais de soulever seulement le disque placé entre les doigts de sa main droite. De pareils jeux ne sont pas faits pour un homme ainsi construit. Les phalanges de cette main ne peuvent rien étreindre et ne sauraient lancer le disque à dix pas.

Dans le buste d'Apollodore Callet, M. Lemaire a pris une revanche éclatante, et, si quelque chose pouvait effacer le souvenir d'une figure telle que l'Archidamas, le buste d'Apollodore Callet obtiendrait grâce pour cette faute. Il y a dans ce portrait une remarquable élégance que l'Archidamas ne permettait pas d'espérer. Les yeux et la bouche sont pleins de vie ; les cheveux ont de la légèreté. Quoiqu'on puisse reprocher au front et aux joues une simplicité un peu exagérée, c'est à tout prendre un bon portrait, et nous désirons que M. Lemaire, au lieu de se fourvoyer dans des sujets antiques, s'attache à reproduire la réalité qu'il a sous les yeux. Le buste d'Apollodore Callet est à coup sûr un des meilleurs du Salon.

M. Petitot a voulu traiter en marbre un de ces sujets si familiers au pinceau de M. Schnetz. Un pauvre Pèlerin calabrais et son fils accablés de fatigue se recommandant à la Vierge, telle est la donnée choisie par M. Petitot. Il y avait là peut-être de quoi faire un bas-relief, mais je doute fort qu'il y ait de quoi composer un groupe colossal. Il n'eût pas été inutile de montrer la madone à qui s'adressent les prières des deux pèlerins, et le bas-relief se prêtait facilement à cette exigence. Si pourtant l'auteur tenait à traiter le sujet en ronde-bosse, il devait au moins respecter la vérité locale ; or, c'est ce qu'il n'a pas fait. Toutes les fois que M. Schnetz a traduit sur la toile une scène de la vie italienne, sans donner à sa composition la grandeur épique des Moissonneurs, dont Léopold Robert semble avoir emporté le secret, il a respecté fidèlement le costume et la physionomie de ses personnages. M. Petitot, loin de montrer pour la vérité la même déférence, s'est efforcé, autant qu'il était en lui, de supprimer tout ce qui pouvait convenir à la statuaire. Ainsi, par exemple, s'il eût voulu consulter les épisodes naïfs et touchants que nous devons à M. Schnetz, il aurait appris que les paysans calabrais ont les jambes nues, et il eût ainsi trouvé l'occasion de modeler la chair au lieu de modeler l'étoffe. Quelle étrange fantaisie a-t-il substituée à la réalité ? Au lieu de nous montrer les jambes nues de ses personnages, il les a couvertes de haillons qui déguisent la forme et réduisent à rien la tâche du statuaire ; et, non content de cette déplorable substitution, il a multiplié à plaisir les déchirures du manteau pour se donner la gloire d'imiter les coutures grossières, les pièces rapportées, les reprises maladroites. Belle gloire, vraiment, et bien digne d'envie !

LA SCULPTURE

Conçoit-on qu'un statuaire perde son temps à imiter ce qui serait tout au plus à sa place dans un tableau de genre ? conçoit-on qu'il fouille le marbre pour reproduire tous ces détails mesquins, et que les proportions de la nature ne lui suffisent pas pour traiter un pareil sujet ? Si M. Petitot, comme je le disais tout à l'heure, comprenant toute la simplicité, toute la naïveté de la scène qu'il voulait reproduire, eût donné à la physionomie de ses personnages l'expression fervente et pieuse que nous avions le droit d'attendre, s'il eût copié fidèlement le costume calabrais, si l'attitude des acteurs eût été d'accord avec leur physionomie, si enfin l'image de la madone eût expliqué la scène, une telle composition aurait certainement attiré les regards. Le groupe que nous avons sous les yeux est tellement vulgaire, le sujet s'explique si mal, il y a si peu de piété, si peu de ferveur sur ces deux visages, que l'esprit se lasse bien vite et renonce à deviner ce que l'auteur a voulu dire. L'exécution est laborieuse sans être précise. Je suis très disposé à croire que M. Petitot a fait tout ce qu'il pouvait faire, et n'a rien négligé pour reproduire la réalité telle qu'il la concevait. Malheureusement il ne l'a pas conçue telle qu'elle est, et son œuvre est absolument dépourvue d'intérêt.

Je crains que M. Daniel n'ait pas assez consulté ses forces en choisissant dans Plutarque un sujet aussi difficile que la mort de Cléopâtre. Les lignes mêmes qu'il a transcrites et qui sont tirées de la vie d'Antoine renferment la condamnation la plus formelle de la statue qu'il nous donne. « Elle n'eut pas plutôt ôté les feuilles qui couvraient le panier qu'elle aperçut le serpent ; elle jeta un grand cri, et présenta son bras à sa piqûre. » Or, dans la figure que M. Daniel appelle Cléopâtre, rien ne révèle le désespoir, rien n'exprime la résolution de mourir. Non-seulement le visage de cette femme n'exprime pas l'effroi, non-seulement sa bouche ne crie pas, mais le mouvement du corps tout entier est celui d'une femme qui ne songe qu'au repos, qui n'a d'autre souci que de prendre sur sa couche une attitude qui fasse valoir la beauté de son corps. Assurément ce n'est pas là le personnage singulier dont Plutarque nous a raconté les passions ardentes et la fin tragique. La Cléopâtre de M. Daniel semble se contempler avec complaisance et admirer la souplesse, l'élégance dont la nature l'a douée ; on dirait qu'elle remercie le ciel de l'avoir traitée si généreusement. Et pourtant elle est bien loin d'être belle. Le torse et les membres sont modelés d'une façon vulgaire ; à proprement parler, il n'y a pas dans toute cette figure un morceau qui soit étudié avec soin, rendu avec précision. Si l'on renonce à chercher dans cette statue le personnage que l'auteur a voulu représenter, si l'on oublie que cette femme nous est donnée pour la maîtresse d'Antoine, si l'on se contente en un mot de demander au marbre la reproduction fidèle de la nature, on éprouve un désappointement qui ne permet pas l'indulgence. La tête n'est pas seulement dénuée d'expression, elle est à peine construite. La bouche est laide, d'une laideur maladive. Les mains ne sont pas traitées avec plus de précision, plus d'élégance que le visage. La statue de M. Daniel ne peut pas même être acceptée comme une étude. Cependant il se rencontre parmi les spectateurs des esprits assez peu éclairés pour admirer cette statue. A quelle cause faut-il attribuer cette singulière méprise ? A la beauté de la matière. Le marbre est si beau, le grain en est si fin, que les yeux se laissent facilement abuser. Il en est d'une mauvaise statue taillée dans un bloc de Carrare comme d'un mauvais opéra exécuté par d'habiles chanteurs. Parmi les auditeurs, il y en a bien peu qui aient le goût assez délicat pour juger la pensée du compositeur, sans tenir compte de l'exécution ; parmi les spectateurs réunis autour d'une statue, il y en a bien peu qui soient capables de juger la forme, abstraction faite de la matière. Si la Cléopâtre de M. Daniel n'était pas taillée dans le Carrare, si nous n'avions devant nous qu'un modèle en plâtre, l'impartialité, la clairvoyance, deviendraient plus faciles. La forme réduite à sa valeur intrinsèque ne séduirait plus les yeux de la foule ; l'œuvre de M. Daniel serait appréciée avec justice, avec sévérité.

Il y a beaucoup à louer dans le buste de Mme la comtesse d'Agoult, par M. Simart. Le masque est modelé avec une remarquable fermeté ; le front est d'une belle forme, les yeux ont de la vivacité, la bouche est d'une expression sérieuse ; les narines, minces, transparentes et dilatées, donnent à la physionomie quelque chose d'idéal et d'exalté. Cependant, malgré tous ces mérites que je me plais à reconnaître, que je proclame avec plaisir, j'adresserai à ce portrait un reproche assez grave : la coiffure et l'ajustement sont conçus de telle sorte, que le sexe du personnage demeure parfaitement indécis. Étant donné le parti adopté par l'auteur, on peut dire que les cheveux sont bien faits, bien rendus ; mais ces cheveux appartiennent-ils à un homme ou à une femme ? Je crois qu'il serait vraiment difficile de résoudre cette question sans le secours du livret. La même remarque s'applique avec une égale justesse au vêtement qui couvre la poitrine. Ce vêtement, il faut le dire, convient tout aussi bien à un jeune homme qu'à une jeune femme, et, comme il n'explique pas la forme, il ne permet pas au spectateur de deviner le sexe du personnage. Je ne veux pas exagérer l'importance de ces deux objections ; toutefois il est évident qu'elles doivent être prises en considération. L'art, quelque langue qu'il choisisse, ne peut se passer de clarté. Pour juger une tête peinte ou sculptée, il est utile, il est nécessaire de savoir si l'on a devant soi une tête d'homme ou une tête de femme. Or, le buste de Mme d'Agoult, avec son ajustement et sa coiffure, ne satisfait pas à cette condition. Si l'auteur n'eût pris soin de nous dire le nom du modèle, nous aurions pu étudier longtemps son œuvre sans découvrir quel personnage il avait essayé de reproduire. Je ne m'arrêterais pas à relever cette double faute, si le talent de M. Simart ne méritait l'estime la plus sérieuse. Les amis de la statuaire n'ont pas oublié son *Oreste*, qui réunit de si nombreux, de si légitimes suffrages. Par ses études, par sa persévérance, M. Simart occupe un rang élevé parmi les artistes contemporains. Il doit au public, dont les encouragements ne lui ont pas manqué, il se doit à lui-même de traiter avec un soin égal toutes les parties de chacune de ses œuvres, Or, un buste de femme coiffé, ajusté comme celui de Mme d'Agoult, ressemble trop à une énigme. Ajoutons que la coiffure, lors même qu'elle appartiendrait à un homme et ne pourrait éveiller aucun doute dans la pensée du spectateur, devrait encore être répudiée par la statuaire ; car les cheveux ainsi réunis en masse compacte manquent absolument de grace et de vie. Il faut que l'air soulève les cheveux, leur donne du mouvement et de la légèreté. M. Simart le sait mieux que nous, et sans doute il n'a cédé qu'à la fantaisie de son modèle. C'est une complaisance, une faiblesse que nous ne pouvons accepter. Au nom du bon goût, au nom du bon sens, il devait résister, et nous donner un portrait dont le sexe ne demeurât douteux pour personne.

Je me suis montré sévère, l'an dernier, pour M. Ottin. J'ai blâmé énergiquement le groupe de la *Vierge et du Christ*, le groupe du *Chasseur indien*. Je suis heureux de pouvoir, cette année, parler en termes plus indulgents de la figure de *Leucosis*. Il y a dans ce morceau un talent d'exécution qui révèle chez l'auteur des études persévérantes. Le corps a de la souplesse, de la grace ; toutes les parties du torse et des membres sont traitées avec une habileté qui ne se rencontrait ni dans le groupe de la Vierge, ni dans le groupe du chasseur indien. Je disais, l'an dernier, que M. Ottin avait eu tort de ne pas mesurer ses forces, de ne pas interroger l'instinct de sa pensée, avant de commencer ces deux œuvres si diverses ; je ne sais s'il a tenu compte de mes remontrances, de mes conseils, en choisissant le sujet qu'il a traité cette année. Ce que je puis affirmer, c'est que la *Leucosis* est très supérieure aux deux ouvrages que M. Ottin nous a montrés au dernier Salon. Cependant, quelle que soit mon estime pour cette figure, je ne dois pas, je ne peux pas la louer sans réserve. Cette figure en effet, souple et gracieuse, n'est pas exempte d'afféterie. Le mouvement du bras gauche qui tient la draperie rappelle trop les compositions de Boucher. M. Ottin, qui a fait à Rome un séjour de quatre ans, qui a vécu familièrement avec les monuments de l'art antique, dont le goût s'est formé dans les musées du Vatican et du Capitole, doit savoir ce que vaut le mouvement du bras gauche de sa *Leucosis*. Puisqu'il a trouvé sa voie, qu'il y marche désormais d'un pas sûr, et qu'il ne tente plus les genres qui répugnent à son talent. Son *Hercule* et sa *Vierge* lui ont montré assez clairement que l'énergie musculaire et le sentiment religieux trouvent dans son ciseau un interprète infidèle. A cet égard, je le pense du moins, il est parfaitement édifié. Puisque l'expression de la grâce et de la mollesse lui semble dévolue, puisque la *Leucosis* satisfait à presque toutes les conditions du sujet, M. Ottin sait dès à présent quelle direction il doit donner à ses travaux. Qu'il soit sévère pour lui-même, qu'il s'interdise l'afféterie, et nous pourrons alors le louer sans réserve. Je ne crois pas qu'il attache une grande importance au groupe de *l'Amour et Psyché*. C'est une bagatelle assez insignifiante qu'il eût mieux fait de ne pas envoyer au Louvre. Quel moment a-t-il choisi dans la vie de Psyché ? Il a négligé de nous le dire, et j'avoue que je n'ai pas su le deviner. Je suis donc forcé de m'en tenir à l'exécution pour juger l'œuvre de M. Ottin. Or, l'ensemble des lignes n'est pas heureux, et la forme a tout au plus une précision suffisante pour un de ces groupes d'albâtre qu'on place au-dessus d'une pendule. Ce n'est pas au Salon qu'appartiennent de telles œuvres, car elles ne peuvent rien ajouter au nom de l'auteur. Les salles du Louvre ne sont pas ouvertes pour nous montrer des caprices aussi insignifiants. La composition de M. Ottin fût-elle d'ailleurs aussi claire qu'elle est obscure, pour nous du moins, l'exécution fût-elle aussi précise que nous pourrions le souhaiter, nous penserions encore que les proportions de ce groupe conviennent mieux au bronze qu'au marbre. Le choix de la matière mérite la plus sérieuse attention, et, lorsqu'il n'est pas fait avec intelligence, il compromet souvent le succès de la composition la plus heureuse.

L'Amour enfant, de M. Jaley, plaît généralement, et l'approbation unanime qui accueille cet ouvrage n'est vraiment que justice. Presque toutes les parties de cette figure sont exécutées avec un talent, une grâce, qui méritent les plus grands éloges. Il y a dans le torse et les membres de cet enfant une souplesse, une vie qui se rencontre bien rarement sous le ciseau du statuaire. Si l'invention de cette figure

LA SCULPTURE

appartenait à M. Jaley, l'auteur pourrait dès à présent se placer au premier rang, et son nom serait compté parmi les noms les plus glorieux ; mais il faut faire à chacun sa part, et rapporter à l'art antique la première pensée de la statue dont nous parlons. Ce que M. Jaley appelle ici l'Amour enfant est connu dans tous les ateliers sous le nom de *l'Enfant à l'oie*. L'original se voit au musée du Vatican et jouit depuis longtemps d'une légitime renommée. En supprimant l'oiseau, M. Jaley aurait dû comprendre la nécessité de modifier, c'est-à-dire de modérer le mouvement du bras droit. Dans la figure que nous étudions, ce mouvement semble exagéré, parce qu'il n'est pas suffisamment motivé. La tortue placée aux pieds de l'Amour ne peut l'épouvanter. Elle suffit tout au plus pour exciter sa curiosité. Il était donc absolument nécessaire de modifier le mouvement en éliminant un des éléments de la composition. La faute commise par M. Jaley n'est pas nouvelle dans l'histoire de l'art. Plus d'une fois déjà des hommes, chez qui la main était supérieure à la pensée, ont dérobé à l'antiquité des figures tout entières, et ont trouvé moyen de rendre obscurs ou faux les mouvements qui, dans le modèle, étaient d'une parfaite clarté, d'une incontestable justesse. Dans *l'Amour enfant* de M. Jaley, la tête n'est pas exécutée avec autant de soin, autant de vérité que le torse et les membres. Les paupières sont lourdes et le regard manque de vivacité. Cependant, malgré toutes ces restrictions, il reste encore dans cette figure assez de qualités solides, assez de finesse, assez de naïveté pour charmer les yeux, pour captiver la pensée, pour attester que l'auteur a dignement profité de son séjour en Italie. Seulement, il fera bien, à l'avenir, d'y regarder à deux fois avant de porter la main sur une composition antique. De pareilles hardiesses réussissent rarement. L'imitation, d'ailleurs, si habile qu'elle soit, ne peut jamais fonder une renommée de quelque durée, et tous ceux qui cultivent les arts libéraux, animés d'un noble orgueil, doivent imprimer à leurs œuvres un cachet personnel. Il faut demander à l'art antique des inspirations et ne pas le copier servilement. Complètes ou mutilées, les œuvres du passé ne sauraient former le patrimoine d'un homme nouveau. Que M. Jaley ne l'oublie pas, qu'il ne se laisse pas étourdir par les louanges, et qu'il ne sépare plus, comme il l'a fait cette année, la pensée de l'exécution. Les plagiats les plus heureux, les plus adroits, trouvent toujours, tôt ou tard, une mémoire fidèle qui les découvre, une voix sévère qui les signale ; c'est un danger auquel il ne faut jamais s'exposer.

Entre les cinq statues, destinées à la décoration du jardin du Luxembourg, que nous voyons au Louvre, une seule mérite quelque attention : *la Marguerite de Provence*, de M. Husson. La tête ne manque pas de finesse, et la draperie est habilement ajustée ; il y a là un heureux souvenir de la sculpture de la renaissance. L'*Anne de Bretagne* de M. De Bay a quelque chose de raide et de guindé ; l'*Anne d'Autriche* de M. Ramus respire l'emphase ; la *Marie de Médicis* de M. Caillouet est d'une insignifiance parfaite. Quant à l'*Anne de Beaujeu* de M. Gatteaux, je renonce à la caractériser ; je me demande comment un pareil travail a pu être confié à un homme qui paraît ignorer jusqu'aux premiers éléments de son art. L'*Anne de Beaujeu* est tout simplement une tête au bout d'une gaîne ; ce n'est pas une statue. Le *marquis de La Place*, de M. Auguste Barre, est sagement conçu, et l'exécution est assez habile ; mais la tête pourrait avoir un caractère plus idéal. L'homme illustre à qui nous devons la *Mécanique céleste* ne se présente jamais à notre pensée avec cette physionomie prosaïque. Quels que soient les documents mis à la disposition de M. Barre, il devait donner à son modèle plus d'élévation, plus de grandeur : pour une statue de La Place, la réalité ne suffit pas. Le *Christ au tombeau* de M. Bion se compose de deux parties distinctes, ou plutôt manifestement contradictoires. La tête et le torse s'accordent avec le caractère du personnage ; quant aux membres, je n'en puis dire autant : les membres, en effet, appartiennent à un homme plein de vigueur et de santé. C'est une faute grave que M. Bion fera bien de corriger avant de placer sa statue dans la chapelle d'Arras. Le buste du révérend père Lacordaire, par M. Bonnassieux, est d'une sécheresse difficile à comprendre pour tous ceux qui ont vu le modèle aux conférences de Notre-Dame. Les cheveux ressemblent à des lanières ; les lèvres sont taillées dans le bois ; l'œil n'exprime ni la méditation ni la foi c'est un ouvrage médiocre et plein de prétention. Il y a du naturel, de la vérité dans le groupe de deux chartreux de M. Pascal. Ce groupe rappelle ingénieusement la sculpture du XIVe siècle. Deux médaillons de M. Bovy se distinguent par une grande fermeté de modelé. Le portrait de M. Arago est d'un beau caractère ; la physionomie respire à la fois l'énergie et l'intelligence. Quant au portrait de Mme de R., c'est à coup sûr une des œuvres les plus gracieuses qui se puissent rencontrer. Le visage est d'une jeunesse, d'une douceur qui ne laisse rien à désirer ; les cheveux ont une grâce, une souplesse qui reporte la pensée aux monuments de l'art grec. M. Maindron avait envoyé un groupe d'*Attila et sainte Geneviève*, dont la composition est bien conçue, et que le jury a refusé. La moitié des ouvrages exposés au Louvre mériteraient certainement plus de reproches que le groupe de M. Maindron ; tous ceux qui l'ont vu dans l'atelier de l'auteur partagent mon opinion. Si le jury, en écartant l'*Attila* de M. Maindron, a voulu protester contre l'abandon des doctrines académiques, c'est de sa part un entêtement puéril que nous ne saurions excuser. Je regrette vivement que M. Barye n'ait pas envoyé au Louvre le lion qu'il vient de terminer pour le jardin des Tuileries. Il y a dans cette œuvre nouvelle une grandeur, une simplicité, qui la placent fort au-dessus du lion de bronze que nous possédons déjà. Éclairé par la réflexion, par l'étude comparée de la nature vivante et des monuments antiques, M. Barye a compris la nécessité de sacrifier quelques détails de la réalité pour obtenir des masses plus faciles à saisir ; une fois résolu à marcher dans cette voie, il ne pouvait manquer de réussir, et il a réussi. Le lion que nous verrons bientôt aux Tuileries assure à M. Barye, d'une façon définitive, le premier rang parmi ceux qui traitent ce genre de sculpture. Son groupe de *Thésée combattant le Minotaure*, conçu dans le style éginétique, mériterait d'être exécuté pour la décoration d'une promenade publique. Je ne connais personne parmi les artistes contemporains qui puisse surpasser l'énergie et la simplicité de cette composition.

Parmi les gravures en taille douce, une seule m'a frappé : les Pèlerins de M. Jules François, d'après M. Paul Delaroche. Toute cette planche est exécutée avec une conscience, une exactitude scrupuleuse dont le peintre doit être content. Il est malheureux que ce tableau n'offre pas un plus vif intérêt ; le burin de M. François était digne de s'exercer sur une œuvre plus importante.

M : Laval a exposé six dessins très bien compris et très bien rendus, qui attestent chez ce jeune architecte des études persévérantes et sagement dirigées. La cathédrale de Ravello, l'autel de la Vierge par Orcagna, à Florence, sont des morceaux qui intéressent par la finesse de l'exécution ; M. Laval a su profiter habilement de son voyage en Italie. M. Eugène Lacroix a montré dans la restauration de l'hôtel-de-ville de Saint-Quentin un savoir étendu et varié. La façade est très ingénieusement recomposée. Le clocher ajouté par l'architecte est bien conçu. La partie supérieure a toute la simplicité qui convient aux constructions en bois et en plomb, si différentes, par le style, des constructions en pierre. Nous regrettons que l'auteur ait cru devoir ajouter à la base de son clocher des contreforts qui l'alourdissent inutilement. M. Lacroix accomplit dignement la mission qui lui a été confiée par le comité des monuments historiques et la ville de Saint-Quentin. L'hôtel-de-ville dont il entreprend la restauration est un des plus beaux monuments de la fin du XVe siècle. Il serait fort à désirer que tous les artistes chargés de travaux du même

genre fissent preuve du même zèle, de la même intelligence, et com-
prissent, comme M. Lacroix, la nécessité absolue de respecter fidèlement le style et la donnée générale des œuvres d'architecture qu'on
les prie de restaurer et non de corriger selon leurs vues personnelles.

M. Landron, dans la restauration du théâtre et du stade d'Aïzani
(Asie mineure), s'est montré plein de sagacité. Il a retrouvé l'étage
inférieur de ce monument, qui n'appartient pas à la grande époque
de l'art grec, étage que M. Texier ne connaissait pas lorsqu'il a publié
son travail. Les vomitoires ont une forme qui diffère de celle que leur
avait assignée M. Texier. M. Landron a fait un bon emploi de deux
grandes colonnes qu'il a trouvées couchées sur la scène ; il en a fait
la décoration de la porte principale. Cette restauration, ajoutée aux
beaux dessins que nous avons admirés l'année dernière, place l'auteur parmi les explorateurs les plus ingénieux de l'antiquité.

Pour la peinture, j'ai quelques omissions à réparer. *La Madeleine re-
cueillant les dernières gouttes de sang du Christ*, de M. Gambard, rappelle heureusement le style de Lesueur ; il y a dans cette composition
une élévation de sentiment, une sévérité de pensée, qui méritent les
encouragements de la critique. *Dante à la Verna*, de M. Henri La-
borde, se recommande par de solides qualités. La figure de Dante
a de la grandeur ; peut-être le paysage est-il un peu dur. M. Albert
Barre a trouvé dans *la Vie nouvelle* de l'illustre Florentin le sujet
d'une œuvre pleine de naïveté, dont l'exécution est très satisfaisante.
Les moutons au pâturage de Mlle Rose Bonheur sont peints avec une
grande finesse. *Molière chez le barbier*, de M. Vetter, est une scène de
comédie d'une pantomime excellente. M. Édouard Dubufe s'efforce
de justifier la bienveillance avec laquelle ont été accueillis ses débuts.
Le portrait de Mme L. R. révèle chez lui le sincère désir de bien faire.
Il y a de l'élégance dans l'ajustement de ce portrait ; la bouche n'est
pas d'un dessin assez pur, assez sévère. Les bras et les mains ne sont
pas modelés avec assez de fermeté. Pourtant les progrès de l'auteur
ne sauraient être contestés.

Arrivé au terme de cette revue, nous ne pouvons-nous défendre
d'un sentiment de tristesse. Dans la sculpture, en effet, comme dans
la peinture, que voyons-nous ? L'habileté matérielle devient plus
générale de jour en jour. Les ouvriers adroits se multiplient, et le
nombre en sera bientôt difficile à compter ; les vrais artistes de-
viennent de plus en plus rares, et, pour retenir leurs noms, il n'est pas
besoin d'une vaste mémoire. La partie intellectuelle des arts du dessin semble à peine comprise de ceux qui les cultivent, et, disons-le

avec une égale franchise, de ceux qui regardent et qui jugent. Les données les plus élémentaires, les principes les plus évidents sont méconnus avec obstination ; le réalisme le plus prosaïque envahit le domaine de la peinture et de la statuaire. Le temps est venu de réagir avec énergie contre les doctrines déplorables qui transforment l'art en métier. C'est une mission que la critique la plus sévère, la plus éclairée, ne pourrait accomplir avec ses seules forces. C'est aux artistes éminents qui comprennent encore la grandeur, le caractère divin de la pensée, qu'il appartient de ramener la peinture et la statuaire dans la voie de la vérité.

ISBN : 978-1547025732

Gustave Planche